Inhalt

Neues Wertminderungsmodell - IASB beugt sich der heftigen Kritik

Kernthesen

Beitrag

Fallbeispiele

Weiterführende Literatur

Impressum

Neues Wertminderungsmodell - IASB beugt sich der heftigen Kritik

Annett Kaindl

Kernthesen

- Das derzeit zur Anwendung kommende Modell zur Erfassung von Wertminderungen finanzieller Vermögenswerte steht schon länger unter heftiger Kritik.
- Im März 2013 veröffentlichte das IASB den dritten Vorschlag für ein neues Wertminderungsmodell.
- Durch die neuen Vorschriften findet eine zeitlich vorverlagerte und absolut höhere Risikovorsorge als nach den bisherigen

Regelungen statt.

Beitrag

Veröffentlichung eines neuen Vorschlags zur Bilanzierung von Wertminderungen

Wertminderungen von finanziellen Vermögenswerten werden nach dem bisher zur Anwendung kommenden "Incurred Loss Model" erst dann erfasst, wenn die Wertminderung bereits eingetreten ist. Während der Finanzkrise ist das für die internationalen Rechnungsregeln zuständige International Accounting Standards Board (IASB) deswegen sehr stark in die Kritik geraten. Am 05.03.2013 hat das IASB mit dem Entwurf ED/2013/3 "Finanzinstrumente: Erwartete Kreditausfälle" nun den bereits dritten Vorschlag für eine Ausgestaltung des sogenannten "Expected Credit Loss Model" vorgelegt. Die im Zuge der Finanzkrise aufgekommene Idee einer früheren Erfassung von Verlusten wurde durch den neuen ED umgesetzt. Die Vorgaben des ED sind branchenunabhängig von allen Unternehmen umzusetzen. (1), (4)

Von den neuen Vorschriften betroffene Vermögenswerte

Nachfolgend aufgeführte finanzielle Vermögenswerte sind im Rahmen der Folgebewertung nach dem neuen Wertminderungsmodell abzubilden: (1), (4)

- Finanzielle Vermögenswerte, die zu fortgeführten Anschaffungskosten bilanziert werden - Unwiderrufliche Kreditzusagen, die nicht erfolgswirksam zum Marktwert bilanziert werden - Finanzgarantieverträge, die nicht erfolgswirksam zum Marktwert bilanziert werden - Schuldinstrumente, die verpflichtend zum Marktwert bilanziert werden und deren Wertveränderungen im Eigenkapital auszuweisen sind - Leasingforderungen - Forderungen aus Lieferungen und Leistungen

In den bisherigen Vorschlägen des IASB sind die letzten 3 Punkte nicht zu finden, diese wurden zusätzlich in den ED/2013/3 aufgenommen.

Grundzüge des neuen Wertminderungsmodells

Für finanzielle Vermögenswerte werden erwartete Kreditausfälle in der Bilanz als Risikovorsorge erfasst. Für die vom ED betroffenen Finanzgarantien und

Kreditzusagen hingegen ist eine Rückstellung zu bilden. Für Schuldinstrumente, die verpflichtend zum Marktwert bilanziert werden und deren Wertveränderungen im Eigenkapital auszuweisen sind, wird der Betrag der kumulierten Wertminderungen nicht separat in der Bilanz ausgewiesen. Dieser Betrag zählt jedoch hinsichtlich der Erfüllung der Offenlegungsanforderungen zur Risikovorsorge.

Bei der Ermittlung des 12-Monats-ECL (Expected Credit Loss) ist die Wahrscheinlichkeit eines Ausfalls in den nächsten zwölf Monaten zu berücksichtigen. Hingegen ist bei der Ermittlung des LECL (Lifetime Expected Credit Loss) die Ausfallwahrscheinlichkeit über die gesamte Restlaufzeit zugrunde zu legen. Der Zeitraum zur Ermittlung der erwarteten Kreditverluste ist auf die maximale vertragliche Laufzeit, die ein Kreditrisiko begründet, begrenzt. (1)

Bei der Schätzung der erwarteten Kreditverluste sind grundsätzlich die besten verfügbaren Informationen zu berücksichtigen, die mit einem angemessenen Aufwand beschafft werden können. Es sind vergangenheitsbezogene und aktuelle Informationen sowie plausible und belegbare zukunftsbezogene Prognosen zu verwenden. (1), (4)

Dreistufiges Verfahren zur

Erfassung von erwarteten Kreditausfällen

Die grundsätzliche Vorgehensweise zur Erfassung von erwarteten Kreditausfällen sieht ein dreistufiges Verfahren vor. Die Berechnung der erwarteten Kreditausfälle richtet sich nach der Zuordnung eines Finanzinstruments, einer Kreditzusage oder einer Finanzgarantie zur entsprechenden Stufe. Während in Stufe 1 die erwarteten Kreditausfälle i.H.d. 12-Monats-ECL berechnet werden, erfolgt die Berechnung der erwarteten Kreditausfälle in Stufe 2 und 3 i.H.d. LECL. (1)

Stufe 1

In Stufe 1 befinden sich Finanzinstrumente ab dem Zugangszeitpunkt. Davon ausgenommen sind nur die Finanzinstrumente, bei denen schon im Zugangszeitpunkt nicht mit der Bedienung der vertraglichen Zahlungen gerechnet wird. Auf der ersten Stufe wird für einen finanziellen Vermögenswert zum Bilanzstichtag zunächst ein 12-Monats-ECL angesetzt. Dieser bestimmt sich durch die Kreditausfälle, die erwartungsgemäß innerhalb der nächsten zwölf Monate nach dem Bilanzstichtag eintreten werden. Es wird somit unmittelbar bei Zugang ein Wertberichtigungsbetrag berücksichtigt und nicht erst bei Eintritt eines Verlustereignisses. (1),

(4)

Stufe 2

Relevanz erhält Stufe 2 erst bei signifikanter Verschlechterung der Kreditqualität. Die Kreditverschlechterung wird anhand der Veränderung der Ausfallwahrscheinlichkeit bemessen. Wird eine signifikante Verschlechterung im Vergleich zum Zugangszeitpunkt festgestellt, muss das Finanzinstrument von Stufe 1 in Stufe 2 transferiert werden. Zeigt sich am Bilanzstichtag, dass der signifikante Anstieg des Kreditrisikos seit Ersterfassung nicht mehr vorliegt und somit die Erfassung eines LECL für ein Finanzinstrument oder eine Kreditzusage oder Finanzgarantie nicht mehr angebracht ist, wird eine Risikovorsorge oder Rückstellung wieder i.H.d. 12-Monat-ECL erfasst. (1), (4)

Stufe 3

Dieser Stufe werden die finanziellen Vermögenswerte zugeordnet, bei denen objektive Hinweise auf eine Wertminderung zum Stichtag vorliegen. Dies ist zum Beispiel der Fall, wenn ein Ereignis oder mehrere Ereignisse aufgetreten ist beziehungsweise sind, das oder die Auswirkungen auf die erwarteten zukünftigen Cashflows des Finanzinstruments hat beziehungsweise haben. Dies umfasst beobachtbare Daten für Ereignisse, wie etwa wesentliche finanzielle

Schwierigkeiten des Schuldners, das Verschwinden eines aktiven Marktes für einen finanziellen Vermögenswert oder die Anschaffung eines finanziellen Vermögenswerts mit einem Abschlag, der die eingetretenen Verluste widerspiegelt.

In diesen Fällen wird nicht mit der vollständigen Bedienung der vertraglichen Zahlungen gerechnet. Der Zinsertrag wird in Höhe des Effektivzinses bezogen auf den Nettobuchwert (Bruttobuchwert abzüglich Wertminderungsbetrag) vereinnahmt. Dies ist ein wesentlicher Unterschied zur Zinsvereinnahmung in den Stufen 1 und 2, die weiterhin auf den Bruttobuchwert bezogen ist. (1), (4)

Umfangreiche Offenlegungsanforderungen

Der ED enthält zahlreiche und teils sehr detaillierte Anforderungen an die Offenlegung. Nachfolgend werden einige wichtige aufgelistet: (1), (4)

Die finanziellen Vermögenswerte, Kreditzusagen und Finanzgarantien sind unter Berücksichtigung der Art der offengelegten Informationen und der Eigenschaften der Finanzinstrumente in Klassen einzuteilen. Hierzu sind Informationen anzugeben, die eine Überleitung zu den Bilanzposten ermöglichen.

Zu den Schätzverfahren von 12-Monats-ECL sowie LECL sind die verwendeten Eingangsdaten, Schätzungsänderungen der erwarteten Kreditverluste oder Änderungen der Schätzverfahren darzustellen und zu erläutern. Im Zusammenhang mit der Beurteilung sind Angaben erforderlich, ob das Kreditrisiko des Finanzinstruments signifikant zugenommen hat oder objektive Hinweise auf Wertminderungen vorliegen.

Beurteilung des neuen Vorschlages

Die neuen Vorschriften erfüllen grundsätzlich die Erwartung einer früheren bilanziellen Erfassung der Risikovorsorge. Es findet eine zeitlich vorverlagerte und absolut höhere Risikovorsorge als nach den bisherigen Reglungen statt. Diese kann bei Verlusteintritt für die Abdeckung tatsächlicher Verluste genutzt werden, bevor das Eigenkapital verwendet werden muss. Damit wird dem Ziel der Überarbeitung der Risikovorsorgevorschriften entsprochen. Allerdings muss auch klar festgestellt werden, dass die neuen Regelungen nicht weniger prozyklisch wirken als die bisherigen Vorschriften. (4)

Die Vorgaben zur Schätzung der erwarteten Kreditverluste sind auch im neuen ED relativ breit definiert, so dass sich nach wie vor Ermessenspielräume ergeben, die zu Einschränkungen bei der Vergleichbarkeit der Jahresabschlüsse führen können. (1)

Trends

Trotz Bemühungen auf beiden Seiten des Atlantiks ist eine weltweit einheitliche Bilanzsprache noch lange nicht in Sicht. Seit über zehn Jahren versuchen die beiden großen Standardsetter IASB und FASB (Financial Accounting Standards Board) ihre Rechnungslegungsvorschriften anzugleichen. Allerdings gehen IASB und FASB in ihren Vorgaben für die Bildung von Risikovorsorge getrennte Wege.

Eine Umstellung auf den sogenannten Expected-Loss-Ansatz sieht auch das FASB vor. Den US-Plänen zufolge sollen Unternehmen zu Beginn der Laufzeit eines Kredits die erwarteten Belastungen in voller Höhe buchen. Das IASB will die Unternehmen verpflichten, ins Haus stehende Beeinträchtigungen jeweils auf Einjahressicht zu bilanzieren. Nur für den Fall, dass sich die Bonität eines Schuldners deutlich verschlechtert, sind die während der gesamten Laufzeit auflaufenden Belastungen zu schätzen und zu buchen. (2), (3)

Fallbeispiele

Bei Burkhard Eckes und Guido Fladt, beide Bilanzexperten bei der Wirtschaftsprüfungsgesellschaft PricewaterhouseCoopers, stößt der neue Vorschlag des IASB prinzipiell auf Beifall. Ihrer Ansicht nach führten die schwierigen wirtschaftlichen Rahmenbedingungen der letzten Jahre dazu, dass Vorsichtsüberlegungen immer stärker Eingang in die internationale Rechnungslegung finden. Vor diesem Hintergrund ist der aktuelle Entwurf ein Schritt in die richtige Richtung. Durch den Übergang von einem 12-Monats- auf einen Lifetime-Expected-Loss ab dem Zeitpunkt einer deutlichen Bonitätsverschlechterung werden Unternehmen die Risikovorsorge für Finanzinstrumente künftig tendenziell früher und mit höheren Beträgen bilden. (2)

Bernhard Schwab, Spezialist für die Bilanzierung von Finanzinstrumenten bei der Wirtschaftsprüfungsgesellschaft KPMG, vertritt die Ansicht, dass der IASB-Ansatz dem FASB-Ansatz im Hinblick auf die Methodik zu bevorzugen ist, da dieser eher im Einklang mit der wirtschaftlichen Realität steht. (3)

Weiterführende Literatur

(1) Der Exposure Draft ED/2013/3 "Expected Credit Losses" Überblick über die neuen Wertminderungsvorschriften und deren Implikationen auf den Bilanzansatz und die Erfolgswirkung
aus Kapitalmarktorientierte Rechnungslegung, Heft 5 vom 2.5.2013, Seite 221 -

(2) Bilanzrat IASB macht Ernst mit Alleingang Board legt Entwurf zur Risikovorsorge vor
aus Börsen-Zeitung, 08.03.2013, Nummer 47, Seite 4

(3) Bilanzräte gehen getrennte Wege IASB wendet sich von FASB ab und kündigt "eine andere Richtung" an
aus Börsen-Zeitung, 26.02.2013, Nummer 39, Seite 5

(4) Anmerkungen zum neuen Impairment-Vorschlag des IASB
aus Zeitschrift für das gesamte Kreditwesen 11 vom 01.06.2013 Seite 562

Impressum

Neues Wertminderungsmodell - IASB beugt sich der heftigen Kritik

Bibliografische Information der deutschen Nationalbibliothek

Die Deutsche Nationalbibliothek verzeichnet diese Publikation in der deutschen Nationalbibliografie; detaillierte bibliografische Daten sind im Internet über http://dnb.d-nb.de abrufbar.

ISBN: 978-3-7379-1425-3

© 2015 GBI-Genios Deutsche Wirtschaftsdatenbank GmbH, Freischützstraße 96, 81927 München, www.genios.de

Alle Rechte vorbehalten. Dieses Werk ist einschließlich aller seiner Teile – z.B. Texte, Tabellen und Grafiken - urheberrechtlich geschützt. Jede Verwertung außerhalb der Grenzen des Urheberrechtsgesetzes bedarf der vorherigen Zustimmung des Verlags. Dies gilt insbesondere auch für auszugsweise Nachdrucke, fotomechanische

Vervielfältigungen (Fotokopie/Mikroskopie), Übersetzungen, Auswertungen durch Datenbanken oder ähnliche Einrichtungen und die Einspeicherung und Verarbeitung in elektronischen Systemen.